プレ・シングルマザー手帖

DV、女性問題、金銭問題 ....
困難を乗り越えて、離婚と向き合うお母さんへ

著　シングルペアレント 101・issue+design

JN034292

ひとりで悩む
プレ・シングルマザーの方へ

養育費、親権、面会交流、子育てをしながらの求職活動…
精神的・身体的暴力、女性トラブル、金銭トラブルなどが原因で
夫婦関係に困難を抱え、離婚を考えるお母さん
"プレ・シングルマザー"は
離婚を進めていくなかで子連れ特有のたくさんの問題に直面します。

この本は、初めてのことばかりで何から始めれば良いか分からず
孤独に悩むすべてのお母さんへ贈るエールです。

本書を読むことで、離婚を経験した先輩たちの実体験に基づく
離婚前後に直面する具体的な問題と解決策について知ることができます。

様々な困難を乗り越えて、これからの生活を思い描き、
離婚という道を決断し、新しい生活へと踏み出す。
『プレ・シングルマザー手帖』が
そんな未来をつくっていく手助けとなることを祈っています。

シングルペアレント 101
issue + design

目次

シングルペアレント 101

「シングルペアレント」が一番初めにアクセスする団体と認識してもらえる
よう「入門」を意味する「101」をつけ、2014 年静岡市で発足。「ひとり親
でも安心して暮らせる社会の実現」をビジョンに、対症療法と原因療法の二
軸で社会変容に取り組むため、事業を「ひとり親当事者支援」「ひとり親支援
者支援」「未来の当事者支援」と対象者別に実施。政策でしか実現できない
ものは全国の仲間と政策提言を行う。
2015 年「私たちの選択と決断：離婚、子どもと漕ぎ出す新たな未来プレシ
ングルマザーヒント BOOK 離婚前後の実態調査静岡中部地区データ」発行。

issue+design

「社会の課題に、市民の創造力を。」を合言葉に、2008 年から始まったソ
ーシャルデザインプロジェクト。市民・行政・企業が参加し、地域・日本
・世界が抱える社会課題に対して、デザインの持つ美と共感の力で挑む。
東日本大震災のボランティアを支援する「できますゼッケン」、妊娠・出産
・育児を支える「親子健康手帳」、人との出会いを楽しむ旅のガイドブック
「Community Travel Guide」、300 人の住民とともに地域の未来を描く
「高知県佐川町 みんなでつくる総合計画」、認知症の方が生きる世界を見
える化する「認知症世界の歩き方」他、行政や企業とともに多様なアプロ
ーチで地域が抱える課題解決に挑むデザインプロジェクトを多数実施中。

本書は、下記の調査と500件を超える離婚相談に基づき、制作しています。
調査方法：聞き取り調査 ／ サンプル数：36名
調査時期：2014年1月25日〜2017年9月11日
調査対象：離婚を経験した子どものいる30〜40代の女性（離婚検討中の人も含む）
調査地域：静岡県中部地区（静岡市、焼津市、藤枝市、島田市）

離婚のフロー

検討・準備
P.6

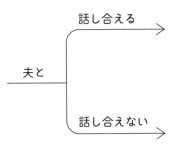

夫との合意
P.9

状況と気持ちを
整理する

自分と子どもの
身の安全を確保する

離婚原因の証拠を
用意する

離婚・自立に必要な
資金を準備する

夫と ─── 話し合える ───→

話し合えない ───→

協議
夫婦で話し合う

↓ 合意できない

調停
調停で話し合う

↓ 合意できない

裁判
裁判で決めてもらう

(同時進行)
新生活の準備
P.12

仕事を探す
住まいを探す

初めての離婚は未知の世界で、何から手をつければ良いか分からないことばかりです。離婚を検討してから、新しい生活を始めるまでの流れを整理しました。まずはこのフローで、離婚前後の大まかな流れを捉えましょう。

新生活の開始
P.14

合意 → 離婚成立 →

- 公的な手続き
- 生活に関する手続き
- 子どもに関する手続き
- 面会交流をおこなう
- 養育費を受け取る

検討・準備

状況と気持ちを整理する

書き出して整理する

離婚すると決断した人も、離婚すべきか迷っている
人も、まずは今の自分の状況と気持ちを書き出して
整理してみましょう。誰かに相談するときにも、協議・
調停・裁判などで離婚を主張するときにも、スムーズ
に自分の意見を伝えることができます。
混乱して難しい場合は、自分の話を否定せず話を聞
いてくれる友人や男女共同参画センターの相談員に
話すと気持ちを整理しやすくなります。

整理しておくと良い項目

- 二人が出会い結婚するまでの経緯
- 結婚してから現在までの経緯
- トラブルの具体的な出来事
- 今の自分の気持ち
- これからの生活への要望

専門機関へ相談する

相談したい内容によって、対応できる機関が異なりま
す。自分の状況に適した窓口を選択しましょう。

※ 各施設の名称はお住まいの地域によって異なります。

相談先

- 男女共同参画センター
  とにかくただ話を聞いて欲しい、
  味方が欲しい時

- 配偶者暴力相談支援センター
  身の安全を確保したい、夫から
  避難したい時

- 法テラス
  DVや離婚について法的な相談がしたい時

- ひとり親家庭相談窓口
  利用できる公的支援について相談したい時

自分と子どもの身の安全を確保する

専門機関へ相談する

身体的か精神的かに関わらず、配偶者からの暴力は離婚理由として法律で認められています。相談機関で心理的なサポートを受けながら、新しい生活への準備を進めましょう。

※「配偶者暴力相談支援センター」に指定されている機関は、女性相談センター、健康福祉センター、男女共同参画センター、福祉事務所など、自治体によって異なります。

相談先

- 交番・警察署
  緊急に夫から避難したい時

- 配偶者暴力相談支援センター
  夫から避難したい時

- 福祉事務所
  生活資金や避難先を相談したい時

安全な住まいへ引っ越す

離婚意思の程度に関わらず、自分と子どもの身の危険を感じたら安全な場所へ避難しましょう。別居する際に持ち出したほうが良いものは以下の通りですが、すべてを準備することよりも、夫の暴力から安全に避難することを最優先しましょう。

別居時に持ち出したほうが良いもの

- 自分名義の預金通帳と印鑑
- 自分名義のキャッシュカード、クレジットカード
- 自分と子どもの健康保険証
- 身分証明書（運転免許証やパスポート）
- 母子健康手帳
- いつも飲んでいる薬
- 子どもの幼稚園や保育園の道具など
- 衣服
- マイナンバーカード

避難先

- 実家や友人宅

- 一時保護施設
  一時的に保護してほしい時
  （窓口：配偶者暴力相談支援センター）

- 母子生活支援施設
  保護して自立を支援してほしい時
  （窓口：福祉事務所）

離婚原因の証拠を用意する

精神的・身体的な暴力の証拠を用意する

- 暴力を受けた際にできた怪我の写真
- 怪我の治療のための通院記録や診断書
- 精神科・心療内科の通院記録や診断書
- 夫の言動を記録した日記や音源

　　　　　　　　　　　　など

※ DV 防止法改正案が閣議決定されました（2023 年 2 月時点）。
　 改正案が施行されると、生命・身体に対する暴力や脅迫に限らず、
　 自由・名誉・財産に対する脅迫（長時間の説教や人格否定など）
　 も保護命令の対象となります。

浮気の証拠を用意する

- ホテル代や食事代のレシート類
- 浮気相手との写真やメール

　　　　　　　　　　　　など

金銭トラブルの証拠を用意する

- 夫の行動を記録した日記
- 預金通帳のコピー

　　　　　　　　　　　　など

離婚・自立に必要な資金を準備する

自由に使用できるお金を確保する

離婚に向けて別居したいけれど実家や友人の家を頼れない場合は、ア
パートの家賃や生活費などまとまったお金が必要になります。また調
停の利用や公正証書の作成（→ P. 9 公正証書を作成する）にも費用が
かかります。そのときのために自分の貯蓄額を確認しておきましょう。
別居までに時間の余裕がある場合は貯金をして準備を進めましょう。
資金を準備するのが難しい場合は、福祉事務所で生活保護や金銭的
な支援制度について相談してみましょう。

夫との合意

協議：夫婦で話し合う

離婚と離婚条件について相談する

離婚を決意したら、まずは夫婦で離婚について話し合いましょう。離婚の合意ができたら、親権や養育費など、離婚条件について取り決めます。離婚後にどんな生活を送りたいのか想像しながら、それぞれの妥協点を探りましょう。この時点で、専門家に相談することもできます。

相談先

- 男女共同参画センター
  自分の考えを整理したい時

- 弁護士
  離婚条件を相談したい時

離婚条件

> 子どものこと

- 親権：親権を自分と夫のどちらが持つか

- 自分の氏、子どもの氏：どちらの氏を使うか
  （手続きをしなければ子どもは元の氏のまま）

- 面会交流：離婚後に子どもと面会交流する頻度や場所、第三者の立ち会いの有無などの条件

> お金のこと

- 養育費：いくらをいつまで支払ってもらうか

- 財産分与：現金に加え、家・土地・自動車などをどう分与するか

- 慰謝料：相手に離婚原因を作った責任がある場合、精神的損害に対していくら支払ってもらうか

- 婚姻費用や借金の清算：夫婦間の金銭の貸し借りの清算。いつまでにいくら返金してもらうか

公正証書を作成する

離婚条件を取り決めたら、離婚条件を公的に証明してくれる「公正証書」を公証役場で作成しましょう。「強制執行認諾約款付き公正証書」にしておくと、調停調書や裁判の判決と同じ法的効力を持ちます。たとえば、養育費や慰謝料が支払われなかった場合、相手の財産をただちに差し押さえることができます。作成後は公証役場で20年間保管されます。

相談先

- 弁護士
  書面内容を相談したい時

- 公証役場
  公正証書の作成が必要な時

調停：調停で話し合う

調停の申し立てをおこなう

協議で合意できなかった場合や、夫からの暴力で協議ができない場合は、「夫婦関係調整調停（通称・離婚調停）」の申し立てをします。夫の居住地の家庭裁判所へ申立書を提出することで、手続きができます。

離婚調停を進める

男女２名の調停委員が間に入り、離婚および離婚条件についての合意を目指して話し合います。調停委員と妻、調停委員と夫と交互に部屋に入るため、基本的に相手と顔を合わせることなく、話し合いを進めることができます。月１回程度、各回３〜５時間を半年〜１年ほど繰り返します。

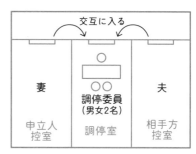

家庭裁判所での調停

子どもを預ける

家庭裁判所の待合室にはベビーベッドがありますが、託児所はありません。調停の前に親族や友人、一時保育に預けることをおすすめします。

裁判：裁判で決めてもらう

離婚訴訟を起こす

調停で合意できなかった場合は、「離婚訴訟」を起こします。夫あるいは妻の居住地の家庭裁判所へ訴状を提出することで訴訟を起こすことができますが、調停を実施していることが条件です。

弁護士に依頼する

訴訟では一般的に弁護士に代理人を依頼します。弁護士を選ぶ際に一番大切なのは、自分が信頼できるかどうかです。離婚を経験した友人や知人に弁護士を紹介してもらう、無料法律相談に行く、ネットで調べて良いと思った弁護士に会うなどして見つけましょう。

相談先

- 法テラス・弁護士会
  弁護士の紹介や相談が必要な時

離婚裁判を進める

裁判所は、まず訴状と答弁書（相手方が提出）を照らし合わせ、議論の争点を整理し証拠を取り調べます。その後、半年～2年ほどかけて原告・被告・証人への尋問や口頭弁論を繰り返します。最終的には裁判官から、離婚可否と離婚条件の内容について判決が言い渡されます。

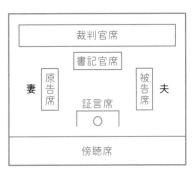

家庭裁判所での法廷

新生活の準備

離婚後の新しい生活へ向けて、準備を進めましょう。
離婚成立までに時間がかかる場合は、調停や裁判と
並行して進めることもあります。

仕事を探す

求職活動をおこなう

しばらく仕事から離れていた人は、就労のプロのサ
ポートを受けながら仕事を探すのが良いかもしれま
せん。子育てをしながら仕事を探す女性に特化した
マザーズハローワークでは、子どもへの配慮を得な
がら相談することができます。自治体によっては、
就業支援専門員がいる「ひとり親家庭相談窓口」も
あります。

相談先

- ハローワーク、
  マザーズハローワーク
- 母子家庭等就業・
  自立支援センター
- 福祉事務所

勤務先と雇用条件を調整する

正社員として働いている方は、子どものお迎えのために勤務時間を短く
したり、在宅での勤務を許可してもらえるよう相談してみましょう。
既にパートやアルバイトとして短時間で働いている方は、安定して収入
を得るために正社員として登用してもらうことはできないか、現在の勤
務先に相談する方法もあります。

資格の取得などスキルアップする

安定した一定の収入を得るため、スキルを身に付ける努力も大切です。
再就職を支援する制度を利用すると、受講料や受験料は無料で資格を取
得することができます。
またしばらく働いていなかった人を対象とする「求職者支援制度」を利
用すると、公共職業訓練校で職業訓練を受けながら給付金（月10万円＋
交通費）を受けられる場合があります。ハローワークに相談しましょう。

住まいを探す

頼れる人の近くで探す

いったん実家に戻る人も少なくありませんが、母子のみで暮らす選択をする場合は両親や兄弟、友人など、いざというときに頼れる人の家の近くに住居を構えられると安心です。

初期費用が安い物件を探す

賃料が安くて条件の良い物件を探すとき、ネックになるのは初期費用です。敷金礼金が不要の物件もあるのでインターネットや不動産会社で探してみましょう。

離婚前に公営住宅に申し込むことができる自治体もあります。申し込む段階で調停中または裁判中であるなど、公的な機関で離婚に関するアクションをしていることが条件で、証明ができるものの提出が求められることがあります。役所・役場の住宅政策課へ相談してみましょう。

居住支援法人へ相談して探す

民間賃貸住宅を借りる際に配慮が必要な方（低額所得者、被災者、高齢者、障害者、子どもを養育する者など）が円滑に入居できるよう、住宅相談、家賃債務保証、見守りなどの生活支援をおこない、サポートしてくれる法人があります。

都道府県単位で指定されていますので、お住まいの地域に近い団体へ問い合わせてみましょう。

新生活の開始

公的な手続きをおこなう

年金・健康保険の内容を変更する

扶養家族として元夫の社会保険に加入していた人は、自分で健康保険に加入し直さなければなりません。手続きには、まず元夫の会社から「資格喪失証明書」を発行してもらう必要があるので、離婚後速やかに手配しましょう。

既にアルバイトやパートで働いていて、一定の条件を満たし、職場の合意があれば、社会保険に加入することができます。職場の責任者に相談してみましょう。加入できない場合やこれから就労する場合は、国民年金保険に切り替える必要があります。年金と健康保険の手続きは役所・役場の保険年金課などで同時におこないます。子どもも変更する場合は、合わせて手続きをしましょう。

運転免許証の氏名・住所を変更する

運転免許証は、身分証明書として離婚に伴う他の手続きでも使用することが多いので、早めに変更しましょう。免許センターへ行かなくとも、警察署で手続きすることが可能です。

マイナンバーカードの氏名・住所変更をする

氏名・住所の変更に伴い、記載事項変更届の提出が必要です。役所・役場の戸籍住民課などで手続きをしましょう。

離婚前でも手続き可能 ・・・

住民票・印鑑登録の変更

新しい住まいが決まったら、引っ越してから 14 日以内に住民票の異動
手続きをおこないましょう。また婚姻時の姓で印鑑登録をしている場合、
離婚が成立することで登録内容は廃止になります。離婚後には新たに印
鑑登録が必要です。いずれも、役所・役場の戸籍住民課などで手続きし
ましょう。

生活に関する手続きをおこなう

• 銀行口座、クレジットカードの氏名・住所を変更する

• 不動産、自家用車の所有名義を変更する

• 携帯電話の氏名・住所を変更する

• 生命保険の氏名・住所・受取人を変更する

• 借家・賃貸マンション等の契約名義を変更する

子どもに関する手続きをおこなう

児童扶養手当を申請する

ひとり親家庭の金銭的な支援として、児童扶養手当月額44,140円（2023年4月時点）が自治体から支給されます。申請した月の翌月分から支給対象となるため、離婚届を提出後、役所・役場の子育て支援課などへすぐに申請しましょう（支給されるのは奇数月に年6回、2ヶ月分まとめて）。また、継続して受け取るためには、毎年8月に受給資格審査のための現況届を提出する必要があります。忘れずに手続きしましょう。

※ 児童育成手当など、独自で金銭給付制度を設けている自治体もあります。

ひとり親家庭等の医療費助成制度を申請する

ひとり親家庭などの母親または父親と、その子どもの医療費を助成する自治体の制度があります。病院窓口で受給者証を提示することで適用されるため、事前に市役所の子育て支援課などで受給者証の交付手続きが必要です。

子どもの姓と戸籍を変更する

元夫を世帯主としていた場合、自分が親権者となっても子どもの戸籍と姓は自動的には変わりません。子どもを自分と同じ戸籍に入れて同じ姓にするためには、自分を筆頭者とする新しい戸籍をつくり、子の氏の変更許可を得て、変更手続きをします。

手続き窓口

・ 家庭裁判所
  氏の変更許可が必要な時

・ 役所・役場（戸籍住民課など）
  戸籍の作成、変更の手続きの時

離婚前でも手続き可能 ·······························

児童手当の受給者を切り替える

中学生以下の子どもを育てる家庭は、児童手当を受けることができます。
3歳未満は月額15,000円、3歳以上は月額10,000円が自治体から支給
されます。
既に受給されている人も多いと思いますが、夫婦のうち所得が高いほう
に給付されるため、夫の口座に振り込まれているケースがほとんどです。
住民票を移したあと、自分の口座で受給できるよう市役所の子育て支援
課などへ相談してみましょう。

※ 金額は子どもの人数により異なります。
※ 2023年6月現在、政府は少子化対策の強化として所得制限撤廃と対象を高校生まで
　 拡充するなどの検討をおこなっています。

保育園の転園・新規入園、小学校の転校手続きをする

保育園に新規で申し込む場合、空きがあるか自治体に
確認しましょう。転園の際も同様です。住民票を移す
前でも保育園の申込が可能な自治体もあります。小学
校は、同じ市町村内での移動かどうかによって手続き
の内容が異なります。詳しくは現在通っている学校に
問い合わせてみましょう。

相談先

・ 役所・役場（子育て支援課など）

・ 学校、幼稚園

面会交流をおこなう

元夫と子どもの面会交流を実施する

子どもには、離れて暮らすことになった親と直接会って遊んだり食事をしたりする、面会交流権があります。面会交流は、子どもが別居する親と良い関係性を築き、健全に成長していくために実施されるものであるため、別居する親が子どもに暴力を振るう危険があったり、子ども自身が会いたがらない場合には面会交流は認められません。頻度や内容は、子どもと元夫と相談しながら決めていきましょう。

第三者に面会交流支援を依頼する

離婚に至るだけのトラブルがあったということは、元夫と会うのが怖い、顔を見るのも不快でたまらないという方も多いかもしれません。特にDVを受けてきて元夫との精神的な力の差が大きい場合は、当時の状況を想起させる親子だけでなく、第三者にも立ち会ってもらうことをおすすめします。

日程の調整、面会交流時の立会い、代理人の手配、子どもの引き渡しなど、自治体やNPOが提供する支援サービスを活用しましょう。

※ 面会交流は、離婚協議中から始めるケースもあります。

相談先

- 両親、兄弟姉妹、友人など
- 母子就業等自立支援センター
- ひとり親家庭支援のNPO
- 役所・役場（子育て支援課など）

養育費を受け取る

養育費を受け取る

養育費とは、衣食住の経費・学校や習い事などの教育費・医療費・お小遣いなど、子どもを育てるためのすべての費用を指し、受け取る権利は子どもにあります。
金額は、負担する側の経済力や子どもの年齢など、個別のケースによって異なります。離婚時に取り決めた条件に従って支払いが発生するため、支払い期日や金額など、詳細に決めておくことが大切です。

養育費の申し立てをおこなう

元夫から養育費の支払いが滞り連絡をしても対応する気配がない場合、まずは内容証明郵便※を使って催促する旨の書面を送付しましょう。
それでも応じない場合は、履行勧告・履行命令・強制執行などの法的処置に移ります。手続きは離婚時に交わした書面によって異なるため、弁護士や家庭裁判所に相談してみましょう。
いずれにしても、協議離婚は強制執行認諾約款付き公正証書、調停は調停調書、裁判離婚は判決書など、法的効力のある書類を交わしておくようにしましょう。

手続き窓口

- 家庭裁判所
  調停離婚の場合

- 地方裁判所
  協議離婚、裁判離婚の場合

※ 内容証明郵便 … 誰が誰にどんな内容の文書を送ったのか、郵便局が証明してくれる送付方法。法的効力はないが、書留同様手渡しで配達され、文書の内容を郵便局で記録されるため、相手が支払い義務を認識するのに効果的な方法とされています。

※ 2020年4月の民事執行法改正により、預貯金や給与を差押えできる可能性が高くなりました。

離婚理由別ケーススタディ

Case 1　精神的暴力 に悩むアイさん　(P.22)

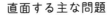

直面する主な問題

- 初めての相談でショックを受ける
- 夫からのメールで気持ちがゆらぐ
- 児童扶養手当が申請できない

精神的
暴力

Case 2　身体的暴力 に悩むカナコさん　(P.34)

直面する主な問題

- 実家を頼れず、避難できない
- DVを受けている証拠を用意する
- 面会交流が苦痛

身体的　　　精神的
暴力　　　　暴力

実際に離婚された方々の経験談を元に、主な離婚理由別に4人の架空のプレ・シングルマザーのケースを考えました。これらのケースを通して、あなたがこれから直面しうる課題と解決策について学んでいきましょう。

Case 3　女性トラブルに悩むマナミさん （P.44）

直面する主な問題

- 慰謝料を請求する
- 養育費の支払いが滞る

女性
トラブル　　金銭
トラブル

Case 4　金銭トラブルに悩むユキさん （P.50）

直面する主な問題

- 弁護士に相談する
- 遠隔地での調停申し立て

金銭
トラブル

※ この4つのケースは、シングルペアレント101がこれまで受けてきた500件を超える離婚相談と36名のシングルマザー、プレ・シングルマザーへのインタビュー調査の内容を基に作成しました。

Case 1

精神的暴力

 精神的暴力

に悩むアイさん

 34歳・出版社勤務（育休中）年収350万円

 30歳・銀行員 年収800万円

2歳　0歳 2ヶ月

夫との出会いは、友だちが開いたクリスマスパーティだった。失恋直後で落ち込んでいた私に、テニス仲間が声をかけてくれた。彼はユーモアがあり、話していて楽しく、メガバンクに勤めていることも魅力的だった。連絡先を交換し、すぐにお付き合いを始めた。

彼はとても紳士的で、荷物を持ってくれたり、車を降りる時にドアを開けてくれたり、私を大事にしてくれた。「彼が運命の人だ！」と、1ヶ月も経たないうちに結婚の約束をし、1年後に31歳で入籍。私は結婚後も正社員として働き、翌年長女を出産した。

周囲の人からも「人当たりが良く、穏やかで優しい人」と思われていた夫だったけれど、結婚後に豹変した。少し冷めてしまった料理を出すと、「お前は言ったことを一度で覚えない使えない女だな」「お前は頭がおかしいから病院に行ってこい」など暴言を吐きながら、お皿をシンクに投げつけたり、リモコンを投げたり、私の大事な本を破いたりした。直接暴力を振るわれている訳ではないし、普段はとても優しいので、子どもが生まれたら変わるかと思っていた。けれど、結婚3年目に次女を出産すると、さらに悪化した。育休中は毎朝夫が出勤するとホッとし、帰宅時間が近づくと恐怖を感じるようになっていた。

離婚の検討・準備 ○ • 初めての相談でショックを受ける

• またしても、辛らつな対応をされる

2週間後 • ようやく共感してもらい、安心する

6ヶ月後 • 子どもの行動を見て、離婚を決意する

• 暴力があった証拠を集めておく

• アパートを借りる

8ヶ月後 • 荷物をまとめて引っ越す

• 夫からのメールで気持ちがゆらぐ

• 義父母が実家へ押しかけてくる

夫との合意 9ヶ月後 • 調停を申し立てる

10ヶ月後 • 調停で夫と会うのが怖い

• 保育園に申し込む

• 調停不成立、裁判へ

• 裁判の準備をする

1年後 • 裁判開始、本人尋問に出廷する

2年後 • 離婚成立の判決が出る

新生活の開始 • 児童扶養手当に申請できない

• 面会交流で夫と会うのが怖い

離婚の検討・準備

初めての相談でショックを受ける

仲の良い友だちとランチをしたとき、ふと夫の言動について愚痴をこぼすと「それって、モラハラじゃない？大丈夫？」と言われた。帰り道、モラハラに関する本を購入すると「言葉や態度によって行われる精神的な暴力のこと」をモラル・ハラスメントと呼ぶと知り、夫の言葉や行動はまさにモラハラだと認識した。「うちだけじゃないんだ」と、少し心が軽くなった。
巻末にあった相談窓口一覧を見て電話をかけると、女性が出た。緊張しながら、夫の言動を伝えると「うーん…あなたにも悪いところがあったんじゃないですか？」と予想もしなかった反応をされ、とてもショックだった。

またしても、辛らつな対応をされる

他の相談窓口にも電話をかけたけれど「夫さんに困っていることをちゃんと伝えたほうがいいので、今度一緒に、うちの相談室に来てください」と言われてしまった。
夫のことをよその人に相談したなんて知られたら、何をされるか分からないのに、一緒に行くなんてできるはずがなく、絶望的な気持ちになった。

> 要望に合った窓口に相談しないと、望んでいた対応をしてもらえないことがあります。ただ話を聞いて欲しいのか、離婚に関する法的な知識を得たいのか、求める内容によって対応できる機関が異なります。→P.6 専門機関へ相談する

ようやく共感してもらい、安心する

しばらく経ったある日、市の広報紙を見ていると、男女共同参画センターが「なかよし夫婦講座」を開催すると知った。次の行動を決めるきっかけが欲しいと思い、参加することにした。講師から、夫婦間のモラハラ事例や男女の性別役割分担の問題について話があり、私以外にも同じようにつらい思いをしている人がいることを知った。「やっぱり私は悪くなかったんだ」と思うことができた。
講師自身が対応する相談室があることも知り、「自分が話せる場がやっと見つかった」と少し明るい気持ちになれた。帰りがけに講師に声をかける

と「後日、ゆっくり話を聞くから電話で予約してね。あなたの安全を守るためにも、講座への参加や相談することを夫に知られない様にしたほうがいいかもしれない」とアドバイスをもらった。

私の発言を全身で集中して聞き、真剣に向き合ってくれている感じがした。深く理解してくれる人にやっと出会え、とても心強かった。

子どもの行動を見て、離婚を決意する

講師が担当する男女共同参画センターの女性相談に定期的に行くようになり、半年ほど経った。

夫が買い物へ出かけた帰りに、私へのプレゼントだとぬいぐるみを買ってきた。私があまり喜んでいないように見えたのか、夫は腹を立ててガスコンロでぬいぐるみを燃やそうとした。驚いて思わず声をあげると、2歳の長女が泣きながら玄関のドアを開け飛び出していった。

急いで追いかけたため大事には至らなかったけれど「これはもうまずい」と思った。「自分さえ我慢して、なんとかなるなら……」と耐えてきた。でもこのままだと、娘の心を危険にさらしてしまう。「よくない影響を受けないうちに、夫と離れないと」と離婚に向けて舵を切ろうと決めた。

暴力があった証拠を集めておく

窓口で信じてもらえなかったこともあり、夫の暴言を携帯電話で録音した。また、夫から受けたモラハラについては以前から日記に書き留めていた。その時はとるに足らないと思ったことでも、すべて残しておいてよかった。

> 本能的に自分を守るために感情が麻痺して、暴力を怖いと感じられない人もいます。その結果、相談先で「大したことないんです」と言ってしまい、被害の程度が的確に伝わらないことがあります。客観的に判断してもらうためにも、日頃の出来事を記録しておきましょう。
> →P.8 精神的・身体的な暴力の証拠を用意する

アパートを借りる

すぐにでも家を出て実家に身を寄せたかったけれど、両親は高齢で頼るのは難しかったため、実家近くにアパートを借りることにした。夫は休日も単独で行動したがる人だったので「子どもを連れて実家に遊びに行く」と

伝え、アパートの契約をしに行くことができた。敷金礼金などの初期費用や生活用品の購入は、結婚した時に祖母からもらったお祝い金の50万円を使った。

荷物をまとめて引っ越す

夫が出張に出かけた日の朝、「離婚を決意しました。もう戻りません。今後のことは、すべて調停で決めましょう」と置手紙をして、家を出た。妹に車で迎えにきてもらい、服やおもちゃ、アルバム、身のまわりのものを積めるだけ積み、子どもと新居へ向かった。

家を出ていく際、公的書類としばらくの生活に必要なものを持ち出せると良いでしょう。すべてを用意する必要はありません。夫に気が付かれないよう、安全に避難することを優先しましょう。→P.7 安全な住まいへ引っ越す

夫からのメールで気持ちがゆらぐ

翌日の夜、出張から帰宅した夫から、電話やメールが何度も入った。罵倒するようなメールの中で「お願いだから、一度話をしよう」と懇願するものもあり、少しかわいそうになった。
しかし「いままで、あの人の機嫌を損ねないよう気を遣い続ける奴隷のような生活だった。私が自分の一番の味方にならなくちゃ。子どもたちのためにも、戻っちゃダメだ」と思い直し、「これからのことは、すべて調停で話しましょう」と一度だけメールで返信した。

気持ちがゆれるときは、人に話をすると楽になることがあります。男女共同参画センターでは、そのような電話相談もできます。→P.6 専門機関へ相談する

義父母が実家へ押しかけてくる

メールも電話も返さないでいると、夫が義父母を連れ実家に押しかけてきた。義母に「一目だけでも孫に会わせてほしい」と頼まれた私の母は、「同じおばあちゃんとして、気持ちはよくわかる。孫に会わせてあげたい」と思ったそうだが、「私も居場所はわからない」と対応。夫たちは3時間ほど居たが、諦めて帰った。

対応する家族の気持ちが変わり、状況が悪化し、離婚の準備を進めることが難しくなってしまうことがあります。家族に協力してもらうときは、自分の気持ちと具体的に協力して欲しいことを、丁寧に伝えるようにしましょう。

夫との合意

調停を申し立てる

夫と話し合って合意するのは難しいため、調停から弁護士に依頼することにした。
まずはインターネットで「離婚　強い　弁護士　〇〇（調停をおこなう地名）」と検索し、何件かヒットした中から、数多く案件を扱っていそうな弁護士に会いに行った。物腰が穏やかでありながら丁寧に整理してくれる男性弁護士で、夫とも対等に話せる人だと感じ、この人にお願いすることに決めた。
家庭裁判所へ行って調停の申立書をもらい、弁護士と一緒に作成した。離婚事由の欄には、結婚当初からつけていた日記を参考に、夫から受けたモラハラの具体的な内容を時系列で記入した。

調停で夫と顔を合わせるのが怖い

調停の申し立てをして約1か月後、第1回目の調停があった。夫はカッとなったら何をするか分からず怖かったので、調停日は弁護士と常に行動をともにした。

調停は夫婦交互におこなわれ控室も別室のため、基本的に顔を合わせることはありません。事前に相談すれば、集合時間をずらすなどの対応をしてくれます。それでも心配な場合は、家庭裁判所に入る時、出る時、家庭裁判所の中での移動も、弁護士に常に同行してもらいましょう。

保育園に申し込む

その後、2回調停をおこなったけれど、夫は離婚を拒否し続け、なかなか進展しなかった。長引きそうだと感じ、職場復帰に向けて子どもの入園申込みをおこなった。離婚調停中であることを市役所の担当者に伝えたところ、提出書類は私のものだけで良いとのことで、無事入園することがで

きた。保育園の先生には離婚後に子どもの苗字が変わらないよう、入園時から私の旧姓で呼んでもらうようお願いした。

一般的には、保育園の申し込みには両親の就労証明書や課税証明書などの書類が必要ですが、離婚調停中は夫側の書類が不要になる自治体もあります。

調停不成立、裁判へ

夫は離婚にまったく同意しなかった上に、調停委員に対して何度も怒鳴ったことから、調停委員と調査官から「もうこれ以上、調停は進められません。より効力のあるところで裁かれる方が良いと思います」と、調停不成立を告げられた。調停での夫の様子を見てやり直すことはますます不可能だと感じたので、裁判に進むことにした。

裁判の準備をする

裁判もひきつづき同じ弁護士に依頼し、調停申し立て以上に、心情も交えながら詳細に陳述書を作成した。自分の生い立ちや2人の出会いから今に至るまですべてをさらけだし、時系列で整理した。

裁判開始、本人尋問に出廷する

裁判のほとんどは弁護士に代理人として出廷してもらったけれど、本人尋問は、夫と顔を合わせて自分の主張をしなければならなかった。「ついたても用意できますよ」と弁護士が教えてくれたが「もうここまで来たなら隠れるのもいやだ」と、腹を括って裁判に臨んだ。先に私の尋問が始まった。裁判は調停とは異なり一般に公開されているので、興味本位で見学に来ている人も数人いて、とても緊張した。
囲いの中に入り「宣誓。良心に従って真実を述べ、何事も隠さず、偽りを述べないことを誓います」と宣誓書を読みあげ、本人尋問が始まった。あまりに現実味がなく、足元がおぼつかず夢の中にいるようだった。夫の尋問中、私は傍聴席にいたが、妹が隣にいてくれたので心強かった。

離婚成立の判決が出る

4月に開廷、6月に本人尋問、そして10月に離婚成立の判決が出た。判決を言い渡される日は弁護士だけでも良いと言われていたけれど、自分の耳で聞きたくて妹に付き添ってもらい家庭裁判所を訪れた。「財産分与200万円、養育費は月額4万円。婚姻生活の破たんを認め、原告と被告は離婚とする」という判決を言い渡された。

「ああ、よかった。自分の欲しかったものは、すべて得ることができた」と一度は安心したけれど、夫が判決に不服の場合、2週間を期限に控訴することができる。「明日で控訴の期限が終わる」と祈るような気持ちで時間が過ぎるのを待っていたが、期限前日に夫が控訴してきた。「いやな予感が当たってしまった……どこまで苦しめるの？」と、暗い気持ちになった

翌年3月、高等裁判所で審議となったが「棄却になりました」と弁護士から電話があり、本当に離婚を成立させることができた。ようやく心からほっとすることができた。

新生活の開始

児童扶養手当に申請できない

離婚は成立したものの、元夫が社会保険から子どもを外す手続きをしてくれず、子どもを私の社会保険に入れることができなかったため、しばらく児童扶養手当の申請ができなかった。

弁護士から元夫に連絡を入れてもらったりしたけれど、反応がない。元夫の会社にも連絡を入れたところ、担当者から「本人の申し出がないと勝手に処理はできません」と断られてしまった。

裁判時に取り決めた財産分与も未払いだったため、最終的に強制執行に踏み切った。結局、弁護士から元夫の会社に再度連絡をし給与の一部を凍結してもらい、ようやく対応してもらうことができた。

面会交流で夫と会うのが怖い

面会については「1か月に1度、3時間程度」と調停で決めており、元夫の希望で離婚成立から1か月もしないうちに始まった。離婚しても、心理的な力

関係はすぐには変わらない。以前のようになにか嫌なことを言われるんじゃ
ないかと、会うたびに怖かった。元夫のモラハラを見聞きすることで、子ど
もがよくない影響を受けないように離婚したのに、面会交流で過去に引き
戻されるのは、まったく理不尽だと思った。

> 男女共同参画センターの女性相談を利用したり、カウ
> ンセリングを受けたり、DVの仕組みを知る講座に出たり、
> 元夫との力関係について学ぶことも大切です。また、面
> 会交流支援をおこなっている自治体やNPO、公益社団
> 法人があります。無料で利用できるものもあるので、自
> 分の地域の支援サービスを活用してみるのも手です。
> →P.18 第三者に面会交流支援を依頼する

その後 ‥‥‥‥‥‥‥‥‥‥‥‥‥‥‥‥‥‥‥‥‥‥‥‥‥‥‥‥‥‥‥‥‥‥‥‥‥

離婚して7年が経ち、娘たちは8歳と10歳。2人とものびのびと育っている。
離婚から半年ほど経った頃からは、面会交流はNPOに依頼して、娘たちと
元夫だけで面会をするようになり、精神的な負担がかなり減った。私も育休
を終えて職場に復帰し、自分らしい生活を送ることができている。

面会交流にまつわる先輩ママたちの本音

面会交流は、浮気や DV などのトラブルがあった元夫と顔を合わせなければな
らず、被害者にとって非常にストレスの高いものです。離婚成立後にしばらく
時間が経過した先輩ママ4名から、面会交流に対する思いをお聞きしました。

	離婚原因	離婚成立 からの期間	子ども	面会交流
A さん	身体的暴力	4年	娘(小1)	月に1回(最後は5ヶ月前)
B さん	精神的暴力	5年	息子2人(年中・年少)	2,3ヶ月に1回
C さん	精神的暴力	6年	息子2人(小2・小3)	2ヶ月に1回
D さん	精神的暴力	3年	息子(小2)	月に1回（間接交流/最後は4年前）

Q.元夫に対して、現在はどんな心境ですか？

C さん 相手への恐怖心は、昔に比べて薄れました。始めの3年間は友人にも立ち会ってもらいました。
元夫と自分の間に、第三者を入れたことが大きかったと思います。

A さん これから少しずつ父親としての役目をしてもらおうと、気持ちの切り替えができてきました。
養育費が入っていないと、自ら連絡を入れられるようにもなりました。
元夫は反対に、どんどん距離を置こうとしている気がします。

B さん 昔は逆らえなかったけれど、今は開き直りました。
すごい頻度でメッセージは来るけど、バッサリ無視することができるようになりましたね。

D さん すんなり行使できない葛藤はあるんですが、子どもの成長記録や写真を送る間接交流すら実施
していないことについて、ちょっと複雑なのが本音です。取り決めは行使されるのが前提ですし、
「顔を合わせる必要はないのに、履行していないのはずるい」と思う人もいるんじゃないかと
思ったり…。離婚に関して、唯一声を大にできない部分です。

Q. 子どもと元夫は、どんな関係になっていますか？

Cさん：3年ほど前、子どもが私の知らないうちに父親に電話をしていたことがあり、
当時の保育園の先生からも「昨日パパと話したと喜んでいましたよ」と報告を受けました。
今も、私の携帯を使って父親とメッセージのやりとりをしています。

Dさん：子どもがシングルマザーの友だち親子と遊んでも、父親の話はまったく出ません。
家族について話した時、「パパがいるほうが良いと思う？」と尋ねると
「じいじがいるし、もうこれが家族じゃん」と。家族のことはあまり話したくなさそうですね。

Bさん：子どもは「パパと会うよ」と言うと喜びますが、帰る時はあっさりバイバイします。
普段パパの話をしてくることもありません。
以前、「なんで一緒に暮らせないの？」と子どもに聞かれた時は
「あなたがパパを好きでいることは良い。でも、ママとパパはもう仲良くできないの。
パパとはこういうことがあって、一緒に暮らせないんだ」と説明しました。

Q. 今後の面会交流はどうなりそうですか？

Bさん：先が見えないですね…。開き直ってはいるものの、
元夫と顔を合わせるのは、やはり苦痛です。
できることなら、子どもたちも会わないほうが良いと思っています。
元夫も、子どもが成長するにつれて会いたいと言わなくなるだろうと言っていて、
向こうもあまり期待していないようです。
何が良い方向に向いて、何が悪い方向にいくのかよく分かりません。
面会後にメールしてくることがあるんですが、そのたびに胃が痛くなります。

Dさん：元夫から養育費がしっかり払われれば、交流の再開を考えないといけないと思っています。

Cさん：いつもはメールのやりとりだけにして、子どもが会いたいときだけ会う形が良いですね。
でも子どもが会いたいと言っても断られるかもしれないことを考えると、かわいそうで…。
やっぱり、元夫のことは信用できません。子どもを傷つけられたくない気持ちが強いです。
子どもがメールのやりとりで満足していれば、会わなくても良いかなと。
面会交流の際に親子4人でいると、家族じゃないのに家族みたいに見えるのは、違和感があります。

Case 2
身体的暴力
に悩むカナコさん

身体的
暴力　　精神的
暴力

 33歳・ラジオ局勤務（パート社員）年収100万円

 35歳・司法書士　年収800万円

 4歳 ・ 保育園

夫とは、友だちの結婚式で出会った。起業していて、自信家で、とても頼もしく思えた。夫には離婚歴があり、前妻は産後うつで実家に子どもを連れて戻り、そのまま帰って来ず離婚に至ったという。両親は結婚に反対したけれど「私なら彼とうまくやれる」と、心配を押し切って結婚した。

結婚してしばらくして、夫からの暴力が始まった。機嫌を損ねると顔色がサッと変わり、殴られたり蹴られたりするようになった。夫の地雷はどこにあるか分からず、家を隅々まで掃除したり、夫の好きな料理ばかり作ったりしていたけれど、何かにつけてすぐに暴力を振るわれた。怒ったあとしばらくすると反省した様子で謝ってきたので、いつか暴力はおさまると思っていた。

娘が生まれたことを機に私は仕事を辞め、専業主婦になった。娘が3歳になると保育園に預け、ラジオ局でパートとして働き始めた。

数年経っても暴力はなくならず、最近では娘の前でも手をあげられることが増えた。娘が変な声をあげたり、手足が震えたりするようになった。暴力を受けていた期間が長かったので、私自身も、普通の日常の過ごし方が分からなくなっていた。

離婚の検討・準備 ○ • 子どもの言葉で離婚を決意する

• 実家を頼れず、避難ができない

1週間後 • 初めての電話相談で安堵する

• DVを受けている証拠を用意する

• 病院、そして警察へ行く

• 信頼できる相談員のもとへ

• 友人宅へ避難する

• 夫から執拗に連絡が来る

夫との合意 2週間後 • 調停を申し立てる

• 離婚条件について弁護士に相談する

1ヶ月後 • 調停で何度も夫と顔を合わせる

• 調停委員が夫の味方をする

新生活の開始 6ヶ月後 • 警察で110番登録をする

• 家を借り、子どもと2人の生活が始まる

• 仕事がなかなか見つからない

• 面会交流で夫と会うのが怖い

離婚の検討・準備

子どもの言葉で離婚を決意する

娘が生まれてから、夫の暴力はさらにひどくなった。私はストレスから拒食症を患い、満足に食事ができない日々が続いた。難しいことは考えられず、目の前のことだけで精一杯だった。

なかなか次の行動に移せずに数年が過ぎた。娘が4歳になったある日、また夫から殴られている私を見て、初めて「パパ、もうこれ以上ママを殴るのはやめて！ママが死んじゃう！」と泣きながら訴えた。「このままいけば娘に対しても夫の暴力が及ぶかもしれない…。この子を守れるのは私だけだ」と、離婚を決意した。

身の危険を感じたらすぐに110番で警察を呼ぶか、最寄りの交番や警察署に駆け込み、子どもと自分の身の安全を確保しましょう。→P.7 専門機関へ相談する

また、長い間一方的に暴力を受け続けることで自分が悪いと思い込み、夫の支配から抜け出せなくなってしまうケースが多く見られます。第三者に相談し客観的に状況を整理してもらうことが重要です。まだ離婚すると決めていなくても大丈夫です。少しでも気になったら、早めに、相談してみましょう。→P.6 専門機関へ相談する

実家を頼れず、避難ができない

娘の一言が大きく、真剣に今後のことを考えようとパートを1週間休ませてもらった。もう夫と同じ屋根の下に住んではいられないと思った。両親の反対を押し切って結婚したため、実家に頼ることはできず困った。

→ P.7 安全な住まいへ引っ越す

初めての電話相談で安堵する

インターネットで「DV相談 ○○市」と検索したところ、配偶者暴力相談支援センターの電話番号がヒット。電話をかけてみると、とても感じの良い女性の相談員が出た。今回の暴力のことや、今までもずっと暴力にさらされてきたことを一通り話した。焦ってしまい、上手く話せなかったにも関わらず、丁寧に話を聞いてくれ、とてもほっとした。自分の思いを口に出して表現することができたのは、久しぶりだった。相談員は「本当に大変でしたね。今までよくここまで頑張って、この窓口に繋がってくれました」と労ってくれた。

DV を受けている証拠を用意する

「もう今の家にはいたくないけれど、実家にも頼れません」と相談員に伝えたところ、「一度、来所されませんか？」と言われ、その日のうちに行くことにした。「今後のことを考え、病院で診断書をもらい、それから最寄りの警察署で被害にあったことを伝えておくのも良いと思います」とアドバイスがあった。なんとかできそうだと思ったので、やってみることにした。

警察へ相談した際に残る記録が、調停や裁判での被害の証拠になります。

病院、そして警察へ行く

相談員との電話を切ってすぐに病院へ向かい、夫に殴られてできたあざの写真を撮影して診断書を作成してもらった。それを持って警察に行くと「これは、明らかな犯罪行為ですね。被害届を出して暴行罪・傷害罪で逮捕することもできますが、どうされますか？」と聞かれた。子どもの父親が犯罪者になると考えると気がひけ、被害届を出すことはできなかった。
「これ以上夫とは一緒に暮らせません」と警察の人に伝えると、DV 被害者が一時的に入れる施設があることを教えてもらった。

信頼できる相談員のもとへ

警察署をあとにして配偶者暴力相談支援センターに向かった。電話で話を聞いてくれた相談員が対応してくれ、病院や警察に行ったことを伝えた。「もう夫のところには戻れないので、シェルターに入りたいです」と伝えると、「あなたの言うシェルターとは、一時保護所のことかしら？ 一時保護所は、一度入ってしまうとしばらくは外部と連絡が取れないし、お子さんも保育園に通えず、あなたも仕事に通えなくなるけど……それでも大丈夫？」と言われた。今後の生活を考えると働けなくなるのは難しいと思い、断念した。
かわりに、今後別居したときに、夫が私につきまとったり、職場や住居を徘徊したりすることを禁止する「接近禁止命令（保護命令の1つ）」を教えてもらい手続きを進めることにした。

配偶者から暴力を振るわれたり、命が危険にさらされる脅迫を受けたりと、今後も危害を受ける恐れが大きいときに「保護命令」の申立てができます。申立てには、警察署または配偶者暴力相談支援センターに相談に行った記録が必要です。詳しくは配偶者暴力相談支援センターへ相談しましょう。

友人宅へ避難する

「今を逃すと、もう家を出られるタイミングはない」と思い、このまま家を出ることにした。以前からときどき夫との関係を相談していた友人に連絡し事情を話すと、次の住まいが決まるまでの間、私たち親子2人でかくまってもらえることになった。帰宅して急いで荷物をまとめ、子どもを保育園に迎えに行き、その足で隣街に住む友人宅へ避難した。

> 子どもの通う保育園に事情を伝え、夫が来ても子どもを引き渡されないよう、お願いしておきましょう。

夫から執拗に連絡が来る

家を出た日の夜、夫からすぐにメールが届いた。最初は「もう戻ってくるな」と来たものの、その後も頻繁に電話がかかってきたり、メールが届いたりした。「いつ帰ってくるんだ？」「家事をしていないお前は、職場放棄だ」「子どもを黙って連れて行ったお前は、誘拐犯だ。警察に連絡するぞ」と、脅すような言葉ばかり。今まで夫に背いたことはなかったため、連絡が来るたびどんどん怖くなったが、電話には出ず、メールも返さずにいた。「こんな状態で夫に離婚したいと言ったら、殺されてしまう」と感じ、翌日相談員に相談。調停で離婚を進めることにした。

> 連絡を無視することに罪悪感を抱き「戻った方が楽かもしれない」と気持ちが揺れ動いてしまう場合があります。「今後は調停で話しましょう」とだけメールで一度返信し、それ以降は連絡を取らないようにしましょう。この様に感じるのは長期に渡る暴力の影響で、自然な反応です。一人で抱え込むのが苦痛であれば、カウンセラーに話すなどして気持ちを整理しましょう。

 夫との合意

調停を申し立てる

離婚を考えて2週間ほど経ったころ、家庭裁判所に行き、離婚調停の申立書をもらった。書き方や必要な書類については、職員が丁寧に教えてくれた。

> 申立書には現在の居住地ではなく、夫と暮らしていた家や実家の住所を記載しましょう。申立書の写しは原則として相手方に送付されることになっており、居住地を夫に知られてしまいます。実際の居住地は、別に家庭裁判所に伝えておきましょう。

離婚条件について弁護士に相談する

男女共同参画センターで行っている無料の弁護士紹介を利用し、女性の弁護士に相談に行った。今後の生活を考え、養育費と財産分与、慰謝料を調停で話すことを決めた。

特に金銭的な事柄については、離婚条件としてきちんと決めておきましょう。→P.9 離婚と離婚条件について相談する
相手が面会交流を求めてきても、父親から母親への暴力を見て子どもも精神的に傷ついているかもしれません。子どもの心情をくみ取りながら決めましょう。家庭裁判所内で試行面接（お試しの面会交流）をおこなうこともできます。夫と直接連絡を取りたくない場合は、支援者を立て間接的に進めるということも、調停の取り決めに入れておくと良いでしょう。→ P.18 第三者に面会交流支援を依頼する

調停で何度も夫と顔を合わせる

調停が始まった。夫と顔を会せるのが怖かったため、家庭裁判所に入る時間をずらしてもらったのに2度も会ってしまった。1度目は、夫が間違えて私のいる調停室に入ってきたとき。もしかしたら、わざと間違えたふりをしていたのかもしれない。2度目は、私の待合室近くのトイレ前で鉢合わせたとき。夫の待合室近くにもトイレがあるのに、わざわざこちらに来たかと思うとぞっとした。そんなことをする夫にとても腹が立った。

調停委員が夫の味方をする

調停では、夫は終始穏やかで落ち着いた様子で紳士を装っていた。男性の調停委員が「彼はとても反省しているようだから、離婚は思い留まった方が良いと思うよ」と何度も言ってきた。耐えられず「あなたは、何年も自分を殴ったり蹴ったりしてきた人がもう暴力は振るわないと言ったとして、本当にその言葉を信用できますか？　あなたは、その人とまた一緒に暮らすことができますか？」と質問し返したところ、返事はなかった。

調停委員の中には、夫婦仲を改善していく方向で話を進めようとする人もいます。気持ちが揺らぎ自分の意見を整理したくなったときは、男女共同参画センターの女性相談を利用してみましょう。

夫との合意

警察で110番登録をする

最初の調停から約半年後、5回の調停を経て、ようやく離婚が成立。離婚後も元夫に襲われるのではないかと怖かったため、警察署の生活安全課に行って「110番通報者登録制度」の手続きを行い、何か起きたときにすぐに駆けつけてもらえるようにした。

> 「110番通報者登録制度」は、詳しい状況を伝えずとも110番通報するだけで、事前に相談した通報者の情報が円滑に共有され、警察がすぐに駆けつけてくれる制度です。事情を説明し、電話番号・氏名・住所をあらかじめ登録しておきます。

家を借り、子どもと2人の生活が始まる

敷金・礼金が必要なく、保証人も不要という条件のアパートを見つけることができた。家賃も今の仕事でなんとかなりそうな金額だったので、そこに決め、引っ越すことにした。自分と子どもの新しい生活の第一歩を踏み出すことができ、少し前向きな気持ちになれた。

仕事がなかなか見つからない

これから一人で子どもを育てていくためにもしっかり稼ぎたいと思うと、パートではなく、やはり正社員が良いけれど、長時間労働を求められる求人は子どものお迎えの時間を考えると難しく、応募すらできなかった。
労働時間が決まっていて残業がほとんどない事務職の正社員は、とても人気で狭き門。事務経験がない私は応募しても書類選考で落ちてしまった。児童扶養手当の申請のため福祉事務所に行った際、ひとり親家庭の就労支援も実施していることを知り、その場で就業支援専門員に求職の相談をした。

> 最初から正社員として働くことが難しくても、子どもの年齢に応じて、パートから正社員に働き方を変えられる会社を探してみましょう。いまパートとして働いている職場で、正社員にしてもらうよう掛け合ってみるのも手です。ひとり親家庭への就労支援窓口が自治体ごとに様々あるので活用してみましょう。→P.12 求職活動をおこなう

面会交流で夫と会うのが怖い

離婚すれば元夫への恐怖心はなくなると思っていたけれど、まったくなくならず、元夫から面会のメールが来るたびにビクビクしていた。日程調整も元夫の言う通りにしなければ、また暴力を振るわれるかもしれないと怖かった。今も面会を通じて、顔を合わせなければならないのが苦痛でたまらない。

面会には、親族や友人など信頼できる第三者に立ち会ってもらうことで、今までの力関係を崩しやすくなります。立ち会ってもらえない場合でも、何かあったときにまわりの人に助けてもらえるように、人が大勢いる場所で面会する方法もあります。→P.18 第三者に面会交流支援を依頼する

その後 ....

子どもが小学校に上がるタイミングで、思い切って転職した。子どもが幼いうちはパートで、大きくなってからは正社員として働ける介護職に飛び込んだ。自分と同じように子どもを抱えて働くシングルマザーの方が多い職場で、生活の悩みも子どもの悩みも職場の仲間に聞いてもらえて、充実した毎日を送っている。

離婚家庭に育った子どもたちの本音

離婚をする時に一番気になるのが、子どもの気持ちです。しかし、直接本音を聞くのは難しいかもしれません。離婚家庭で育った4名の若者を招き、お話を伺いました。離婚をどんな風に捉えているのか、自分の育った家庭をどう思っているのか、素直な思いを話してくれました。

		兄弟・姉妹	離婚当時	離婚原因
Aさん	国立大（4年生）	4人兄弟の次男	12歳	不明
Bさん	公務員（1年目）	2人姉妹の次女	18歳	性格の不一致
Cさん	団体職員（1年目）	3人兄弟の三男	15歳	経済問題
Dさん	公務員（2年目）	2人姉妹の次女	14歳	経済問題

Q. シングル家庭であることで嫌な思いをしたことはありますか？

Cさん
同じクラスにひとり親の子がいたので、いやだとは思いませんでした。
大学に入った時サークルでもひとり親の子がいっぱいいて、結構いるんだなと思いました。

Aさん
小さいころは隠していました。中学以降も、仲良しの子にも、自分からは言いません。
小さいエリアだから、親は知っていたかもしれません。「お父さんは仕事なにしてるの？」と
言われたときは、嘘をついたり、話の輪に入らないようにしたりしていました。

Dさん
小学校高学年の時に母が再婚したので、新しい父ができたということに違和感がありました。
二番目の父は他人で、父だとは思っていません。怖いと思うことはありませんでしたが、
着替えやお風呂など気を遣って嫌でした。叱られた時も、
心の中で「本当のお父さんじゃないくせに」と思っていました。

Bさん
恥ずかしいと思うことはなかったですね。
父へのこだわりがなさすぎて「いないけど、何？」という感じでした。

Q. 進学先について、経済的な理由で限定されたと感じますか？

Bさん：はい。本当は県外の私立大学への推薦の話があったけど、
一人暮らしは経済的に厳しいと思い地元の国立大学に行くことにしました。

Dさん：私も、国公立一本と限定されました。高校生の時に「将来、貧困層の支援がしたい」
「ひとり親のことを学びたい」と思っていたので、それが学べる地元の大学を選びました。

Cさん：地元の私立大の特待生の話もあったけど、地元にいたくなくて。
経済的に心配で迷っていたけど、「学校はあなたにかける投資だから、
行きたいところに行きなさい」と母に言われ、県外へ出ることを決断できました。

Q. 率直に、両親が離婚したことについてどう思っていますか？

Dさん：複雑ですね…。今はしょうがないと思えるけど、昔は母親を責めている自分がいました。

Aさん：母は一人が楽しそうだから良いんじゃないかな。悪いとかはないです。

Cさん：今、母親はやりたいことにチャレンジできています。自分としては母親の判断は悪くないと
思います。なるべくしてなった感じ。両親そろっている人をみると、いいなと思うけど、
うちはうちで笑いが絶えないので、幸せなんだと思います。

Bさん：生活は大変だったけど、精神的には楽になりました。
学生時代に大変だった時もありましたが、苦じゃなかったです。

Q. 離婚に悩むプレ・シングルマザーの方へ、メッセージをお願いします。

Cさん：ひとり親の子が自分だけでないとわかる場所があれば大丈夫じゃないかな？
親が自分の生き方を否定すると、子どもにとっても良くない。

Aさん：離婚したことに囚われなくても大丈夫。
逆に子どもも気を遣うので、「ひとり親で申し訳ない」と思わない方が良いと思います。

Bさん：子どもは子どもでたくましく育つし、暗い感じに育つこともない。
母親が明るく元気で「一緒にがんばろう」と生活していれば、
子どもも「お母さんについていこう」と思えます。

Case 3
女性トラブル に悩むマナミさん

女性
トラブル 金銭
トラブル

 30歳・専業主婦・年収なし

 30歳・飲料メーカー（正社員）年収400万円

 0歳 7ヶ月

夫は、高校時代の同級生だった。当時はあまり交流がなかったけれど、卒業後に同窓会で再会し、趣味の音楽の話で意気投合して交際を始めた。その後3年の交際を経て、結婚。夫の希望で専業主婦になった。

結婚してしばらくしてから、夫が家に帰って来ない日が増えた。浮気しているかもしれないと感じたけれど、怖くて確かめることもできず見て見ぬふりをしていた。

しかし息子が生まれてから、浮気している夫と夜の関係を持つことへの嫌悪感が強くなり、セックスレスになり、日常会話もほとんどなくなった。その頃から、テーブルの上に恐らく浮気相手とのホテル代や食事代などのレシートを置きっぱなしにするなど、夫の行動がどんどん大胆になっていった。

母に相談すると「仕事が大変で、ストレスからそうなってるんじゃない？ 男の浮気ぐらい大目に見てあげないと。帰りたくなるような家庭をあなたがつくらないとだめよ」と言われた。自分が悪いのだと思い、それ以来、親には相談しづらくなってしまった。

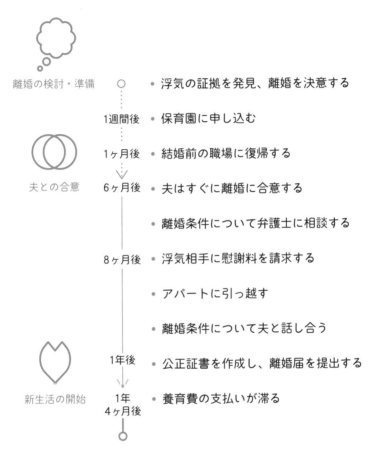

離婚の検討・準備　　○ ● 浮気の証拠を発見、離婚を決意する

1週間後 ● 保育園に申し込む

1ヶ月後 ● 結婚前の職場に復帰する

夫との合意　　6ヶ月後 ● 夫はすぐに離婚に合意する

● 離婚条件について弁護士に相談する

8ヶ月後 ● 浮気相手に慰謝料を請求する

● アパートに引っ越す

● 離婚条件について夫と話し合う

1年後 ● 公正証書を作成し、離婚届を提出する

新生活の開始　　1年
4ヶ月後 ● 養育費の支払いが滞る

離婚の検討・準備

浮気の証拠を発見、離婚を決意する

夫婦共有で使っているパソコンに、夫の浮気写真と浮気相手に送ったメールを見つけた。ホテル代や食事代にとどまらず、現金まで渡していることが分かった。生活費は毎月入れてくれてはいたものの、家賃と食費でなくなってしまう程度だった。子どもが生まれたばかりで働きに出ることもできず、苦しい生活を送っていたのに、浮気相手に貢いでいるなんて、許せなかった。一緒にいる理由が分からなくなり、離婚を決意した。

> 写真やメール、レシートなども浮気の証拠になります。調停や裁判で離婚原因を立証するのに必要になるので、保管しておきましょう。また、怪しいと感じた夫の言動をメモするなどして、都度記録しておくことをおすすめします。→P.8 浮気の証拠を用意する

保育園に申し込む

離婚にかかるお金のため、離婚後の生活のためにも再就職しようと、まずは子どもを保育園に預けることにした。就職していないと預けられないと思ったけれど、市役所に電話で相談すると、空きがあれば求職中でも入園させることが可能だと教えてもらった。
夫には「家計のために私も働きたいと思ってて。子どもを保育園に預けたいんだけど…」と伝えたところ、すんなり「分かった」と返事。翌月から入園させることができるよう数日後に市役所へ行って、入園申請書をもらってきた。入園申請書を提出する際には、夫の就労証明書の添付も必要だったので、会社で上司か総務課に就労証明書の必要事項を記入してもらえるよう夫に頼んだ。職場も慣れているようで、すぐに対応してもらうことができた。

> 空きがあれば、求職中でも入園できる場合が多いです。入園後1～3か月以内に就職先が決まらないと退園させられてしまう場合もあり、その期間は自治体によって異なります。

結婚前の職場に復帰する

結婚前まで働いていた保育園がとても人間関係が良く働きやすかったので、ダメ元で連絡を取ってみた。園長先生に復帰したいことを伝えると、とても喜

んでくれ、すぐに採用が決まった。時短勤務を希望するためパートでのスタートだけれど、息子が大きくなったら正規職員への登用も相談に乗ってくれるとのことだった。

夫との合意

夫はすぐに離婚に合意する

保育士として再就職することができ、働き始めて半年が経った。子どもと2人でもなんとかやっていけそうな目途が立ったので、夫に「離婚したい」と伝えたところ、あっさりと「いいよ」と言われた。しかし「親権もいらない。だから養育費を支払うつもりもない」と言われてしまった。

> 養育費は本来、子どものためのもので、支払う義務は両親双方にあります。自治体の母子家庭等就業・自立支援センターに養育費の専門相談員がいるので、最寄りのセンターに相談に行きましょう。法テラスや無料法律相談で弁護士に相談することもできます。

離婚条件について弁護士に相談する

夫と2人きりでの話し合いではらちがあかないと思い、男女共同参画センターが定期的に実施している無料の女性弁護士相談へ行った。状況を説明したところ「浮気の証拠がありますし、浮気相手の住所が分かれば慰謝料が取れるかもしれません」と教えてもらった。
この弁護士の方が頼りになると感じたので、慰謝料請求の手続きを依頼することにした。弁護士費用の見積もりを出してもらうと、浮気相手との協議の着手金だけで20万円。すぐに支払える金額ではなく困っていると、「法テラスの民事法律扶助制度を利用すれば、弁護士費用の立替えもできますよ」と教えてもらった。この制度を利用して、協議を進めることにした。「浮気相手にまず慰謝料を請求し、そのお金を離婚の協議費用と引っ越し費用にあてましょう」とアドバイスをもらった。

> 「民事法律扶助制度」とは、経済的に余裕がない人が、弁護士・司法書士の費用を法テラスに立替えてもらうことができる制度です。援助を受けるためには一定の条件があるため、事前に確認が必要です。自分がお願いしたい弁護士がいたら、法テラスの「民事法律扶助制度」が利用できるか確認してみましょう。

浮気相手に慰謝料を請求する

パソコンを調べてみると、メールの履歴から浮気相手の名前と住所が分かった。弁護士から浮気相手宛に、慰謝料請求の内容証明郵便を送ってもらい、300万円を請求した。夫もこれで本当に私が離婚に向けて動いていることを自覚したようだった。相手の女性も弁護士をつけ、弁護士同士でやり取りした結果、慰謝料200万円で決着をつけることができた。

アパートに引っ越す

自分の給料で払っていけそうな家賃のアパートを職場近くに見つけ、子どもと引っ越した。引っ越し費用や家具などは慰謝料の200万円から出した。この頃には既に、夫は自宅にほとんど帰って来ず、浮気相手の家で生活しているようだった。

離婚条件について夫と話し合う

夫は「(浮気相手と)再婚したいから離婚する」と言ってきた。弁護士を入れずに夫と話ができそうだったため、養育費・財産分与・年金分割について話し合った。

養育費は毎月4万円を要求したけれど、夫が2万円しか出せないと言ったので、間をとって3万円に決めた。財産分与については、特に財産がなかったので、車を私が引き取ることになった。年金分割は2分の1。面会交流は夫が望まなかったので、取り決めをしなかった。

> 財産分与と年金分割の按分割合に迷ったら、法テラスや無料法律相談で弁護士に相談しましょう。「年金分割請求」については近くの年金事務所に問い合わせをしましょう。離婚成立の翌日から2年を過ぎると請求できなくなってしまうため、早めの手続きをおすすめします。

公正証書を作成し、離婚届を提出する

親権者の指定、養育費の金額や期限、年金分割の按分などの離婚条件を夫婦で取り決めることができたので、それを「離婚協議書の原案」として作成し、

公証役場※で内容を確認してもらった。問題ないとのことだったので、後日改めて夫と共に公証役場へ行き、「強制執行許諾文言付き公正証書」を作成した。翌週、区役所で離婚届を提出。無事に離婚が成立した。

「離婚協議書原案」を作成したら、一度弁護士に見てもらいアドバイスを受けるのもいいでしょう。養育費や慰謝料など、お金に関する取り決めがあるときは必ず「強制執行認諾約款付き公正証書」を作成しておきましょう。→P.9公正証書を作成する

夫との合意

養育費の支払いが滞る

離婚から半年、いつも決まった日に入金されていた養育費が支払われなくなった。元夫にメールを送ったけれど、返信がなかったので、養育費を支払うように、内容証明郵便を送ったところ、数日後に養育費が支払われた。

→P.19 養育費の申し立てをおこなう

その後 ‥‥‥‥‥‥‥‥‥‥‥‥‥‥‥‥‥‥‥‥‥‥‥‥‥‥‥‥‥‥‥‥‥‥‥‥

仕事が安定し、精神的にも安定してきた。その後は養育費もきちっと入るようになり、落ち着いた生活を送ることができるようになった。子どももサッカー教室に通い始め、心穏やかに過ごせている。

Case 4

金銭トラブル

に悩むユキさん

 29歳・介護ヘルパー（アルバイト）年収200万円

 36歳・警備員（正社員）年収300万円

 4歳・保育園

大学の卒業間近、免許取得のため通っていた自動車学校で、夫と知り合った。待合室で何度か話しかけられるうち仲良くなり、デートを重ね、いつの間にか私のアパートで半同棲の状態。家賃と生活費はこれまで通り私が出し、外食をするときだけは彼が出した。

大学を卒業し、介護福祉士として高齢者介護施設で働いていた私は、仕事がとても楽しかった。一方、彼はどの仕事も長くは続かなかった。収入が不安定にもかかわらず、パチンコや競馬にばかり通っていた。

そんな生活が2年ほどつづいたある日、妊娠していると分かった。彼はとても喜んだ。両親は「心配だけど、子どもができたのならしょうがないね。おめでとう」と言ってくれ、私たちはそのまま結婚した。仕事を続けたかったがつわりがひどく、初めての妊娠で心配もあったので、退職することにした。

夫は結婚前と変わらず、仕事のあと毎日パチンコに寄ってから帰宅した。稼いだお金を生活費として家に入れることはなく、あればあるだけギャンブルに費やした。そのため生活費は私の貯金を切り崩していたが、それも底をついた。復職しなければと娘が10ヶ月のときに保育園に預け、昼も夜も介護ヘルパーのアルバイトをして生活費を稼いだ。

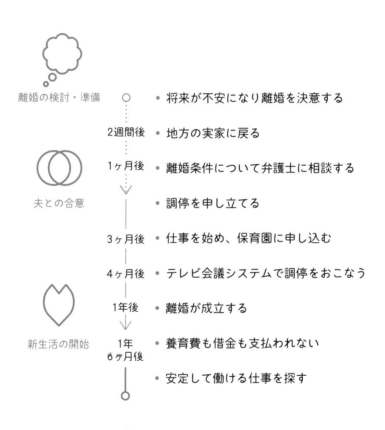

離婚の検討・準備 ○ ● 将来が不安になり離婚を決意する

2週間後 ● 地方の実家に戻る

1ヶ月後 ● 離婚条件について弁護士に相談する

夫との合意 ● 調停を申し立てる

3ヶ月後 ● 仕事を始め、保育園に申し込む

4ヶ月後 ● テレビ会議システムで調停をおこなう

1年後 ● 離婚が成立する

新生活の開始 1年 ● 養育費も借金も支払われない
6ヶ月後

● 安定して働ける仕事を探す

離婚の検討・準備

将来が不安になり離婚を決意する

ある日、私が仕事から帰ると、預金通帳の入っている引き出しが少し開いていた。気になって中を確認すると、子どもの出産祝いを貯めていた通帳がそこにない。夫に尋ねると「手持ちの金がないから、少し借りた」と、平然と言った。家にお金を入れないだけでなく、子どものために大切に貯めていたお金にも手をつけたことを知り、「このまま夫といることは、子どもにとっても自分にとっても、マイナスでしかない」と思い、離婚を決意した。

地方の実家に戻る

「別れたい」と何度伝えても、はぐらかされるばかりで話が進まない。離婚を決意した今、ここにいてもしょうがないと思い、アルバイトを辞めて実家に戻ることにした。両親に事情を伝え「離婚したい」と伝えたところ、応援してくれた。実家は夫と暮らしていた家からは遠く、飛行機でないと帰れない場所にあったが、両親が交通費を出してくれ、私と子どもを迎えにも来てくれた。

離婚条件について弁護士に相談する

実家に戻ってすぐに男女共同参画センターの女性弁護士相談に行った。車の名義変更や養育費、そして夫が独身時代に作った借金を完済するため私の父が貸した300万円について相談した。弁護士から「お父様が貸したお金については追って考えるとして、まず先に離婚を成立させ、養育費、車の名義変更の順で調停をした方が良いと思います」とアドバイスがあったため、調停を起こすことにした。実態は母子家庭でも法的に離婚が成立していなければ、児童扶養手当や母子医療家庭等医療費助成が受けられず、ひとり親家庭向けの福祉サービスも利用できないため、離婚の成立を優先することにした。

> 相談時間は30分程度と短いため、質問したいことを箇条書きにしておくと効率よく話すことができます。

夫との合意

調停を申し立てる

調停を起こすことを決めたものの、夫の暮らしている地域は遠く離れている
ため、家庭裁判所まで行って調停をするには金銭的にも体力的にも難しく、
どのように進めていけば分からなかった。

市役所のひとり親家庭相談窓口でこのことを相談したら、「地元の調停委員
会主催の無料の調停相談が近々あるので、そこで相談してみてはどうですか
?」と教えてもらい、参加した。遠隔地に住む人への調停申し立ての場合、
自分の住む地域の家庭裁判所で、テレビ通話（テレビ会議システム）を使っ
て調停を進めることができると分かった。

> 調停相談は、調停を進める具体的な方法について、調
> 停委員に相談できる会です。まだ調停を起こしていな
> いケースに限られます。
> 調停は基本的に、申し立てる側が、相手の住んでいる
> 地域の家庭裁判所まで出向いて実施されます。しかし、
> 遠隔地で行き来が難しい場合、テレビ電話でおこなう
> ことが可能です。

仕事を始め、保育園に申し込む

別居から2か月経ち、ようやく調停の申し立てができたので、実家近くの障
がい者施設で週3日、9〜16時までのアルバイトを始めることにした。子ど
もの保育園の入園申込みもしたけれど希望の園に空きがなく、待機児童に
なってしまった。母が全面的に協力してくれ、子どもの面倒を見てくれたので、
仕事を休むことなく出勤することができた。

テレビ会議システムで調停をおこなう

調停申し立てから約1か月後、実家の最寄りの家庭裁判所に出向き、テレビ
会議システムで調停が始まった。その後2回調停をおこない、離婚自体につ
いては同意を得られた。養育費は毎月2万円を要求したけれど、夫は「1万
円しか出せない」と言い、ここで渋っても離婚成立が伸びるだけだと割り切
り、その金額で合意。車の名義変更についても合意することができた。夫が
面会交流を希望したので、1年に1回、子どもと一緒に会うことに決めた。

離婚が成立する

最後の調停成立（離婚の成立）だけはテレビ会議システムではできないため、離婚が成立しそうな4回目の調停は、夫の住まいのある地域の家庭裁判所まで行った。対面したくない意向を伝えると、交互に調停室に入りお互いの離婚意思の確認をおこない、最後まで顔を合わせることなく離婚を成立させることができた。

結婚前に夫が父から借りたお金の返済について今回の調停に盛り込むと離婚の成立が長引くと思い、調停では扱うことはやめ、調停調書に「今後、借金返済については協議で話し合う」と入れ込んだ。

夫との合意

テレビ会議システムが未対応の家庭裁判所もまだありますが、2025年までにすべての家庭裁判所にテレビ会議を導入することとなったため、順次増えていく予定です。

養育費も借金も支払われない

離婚成立から半年後、養育費が支払われなくなった。弁護士に相談して、元夫の会社から支払われる給与の差し押さえをしようとしたけれど、元夫は退職金をもらい、すでに退職。転居もしていて、どこにいるかも分からない。結局、弁護士費用だけがかかり、養育費が支払われることはなかった。父が貸したお金も、そのままになってしまった。

各自治体に設置されている母子家庭就業・自立支援センター（ひとり親家庭等就業・自立支援センター）に、養育費専門の相談員がいます。また、多少長引くことも覚悟の上、調停内容に借金返済を含めるのも一つの手です。養育費は、調停調書があれば自分で強制執行の手続きもできます。

安定して働ける仕事を探す

友だちに状況を話したところ、友だちの勤める高齢者介護施設で正社員を探していると教えてもらった。勤務条件が希望に近かったので、両親に相談。家事も育児も全面的に協力してくれることになり、アルバイトを辞め、高齢者介護施設の正社員で働くことにした。

実家の全面的な協力により、仕事も子育ても生活も婚姻中より安定し、精神
的にも金銭的にも満たされた生活を送っている。

支援制度・相談窓口

全国共通

【相談窓口】

配偶者暴力相談支援センター ☆	DV相談、緊急時の安全確保や保護命令の利用準備
男女共同参画センター ☆	悩み相談、気持ちの整理、心のケア
警察署 ☆	暴力があった直後の駆けつけ先
シングルマザーサポート団体全国協議会	ひとり親家庭のための相談や食料支援の実施
スクールカウンセラー（教育相談員）	小中学校に通う子どもに関する相談 → 所属する小中学校
小児科	子どもの発育や発達に関する相談 → 発達相談をおこなう最寄りの小児科
法テラス ☆	離婚にまつわる法律相談
公証役場 ☆	公正証書の作成
ハローワーク ☆	求職・転職の相談、受け仕事を紹介するなどの就労支援
マザーズハローワーク ☆	子連れで求職している人に特化した就労支援
㊤ 母子・父子自立支援プログラム策定事業	個人に合わせた自立支援プログラムの策定と中長期的なフォロー → 市区町村の子育て支援課または健康福祉課
福祉事務所 ☆	生活保護に関する相談、申請受付

※ ☆のついた機関は全国各地にあります。問い合わせる際は最寄りの施設を調べてみてください。
※ ㊤印がついている項目は離婚成立後のみ利用が可能です。
※ 各制度には一定の適用条件があり、また申請手続きが必要です。

【お金の支援】

	制度	内容
	児童手当	すべての家庭対象の子育てのための支援金 → 市区町村の子育て支援課または健康福祉課 ※ 以下「自立支援教育訓練給付金」まで同じ窓口
	児童扶養手当	ひとり親家庭対象の子育てのための支援金 ※ 原則は離婚後に利用できる制度ですが、離婚調停や審判の係争中で離婚成立前であっても、相手に監護事実が客観的に認められない場合には利用できる可能性があります。
後	母子家庭等医療費助成	ひとり親家庭対象の医療費の助成
後	母子及び父子並びに寡婦福祉資金	ひとり親家庭対象の就学支度資金や修学（修業資金の貸付）
後	JR通勤定期乗車券の割引	児童扶養手当受給世帯が対象
後	母子家庭自立支援給付金及び父子家庭自立支援給付金	特定の教育訓練を受講・修了したひとり親への教育経費の補助
後	高等職業訓練促進給付金、高等職業訓練住宅助成金、高等職業訓練修了支援給付金	ひとり親の資格取得のための教育資金の給付・助成
後	ひとり親家庭等高等学校卒業程度認定試験合格支援	ひとり親の高卒認定のための教育資金の給付
後	自立支援教育訓練給付金	ひとり親への教育資金の給付
	高等学校等就学支援金	高校生や専修学校生等対象の支援金 → 所属する高等学校
後	ひとり親家庭高等職業訓練促進資金貸付	高等職業訓練中のひとり親への教育資金の貸付 → 最寄りの社会福祉協議会
	専門実践教育訓練給付金	厚労大臣が指定する教育訓練講座の受講経費の一部を支給　→ 最寄りのハローワーク

【人やモノの支援】

	制度	内容
	学習支援	低所得世帯の子どもへの学習支援
後	ホームフレンド	ひとり親家庭の子どもの話し相手・相談相手・遊び相手となる支援員の派遣
後	家庭生活支援員	ひとり親家庭の掃除や食事準備、乳幼児の保育などをおこなう支援員の派遣
	公営住宅	低家賃での住居の賃与
	居住支援法人	民間賃貸住宅を借りる際のサポート

あとがき

最後までお読み頂きありがとうございます。

本書は、女性が子連れ離婚を考え始めてから新生活を迎えるまでを
物語風にまとめたガイドブックです。公的支援が手薄な"離婚前"
から当事者の気持ちや行動に沿ってその時々に利用できる社会資源
を紹介しています。

当事者でもあった私は、離婚を決意し行動を起こしてから、初めて
離婚前の公的支援が離婚後に比べて格段に少ないことを知りました。
当時、調停、仕事探し、保育園探しを同時進行で進める中で、自分の
行動の選択肢と決断のヒントになるものは探しても見当たりません
でした。あったらどんなに心強かったでしょう。

そこで、これから同じ道を通る人のために作った冊子が「プレシン
グルマザーヒントBOOK　私たちの選択と決断」（2015年）です。
離婚経験のある女性に聞き取り調査をし、離婚のきっかけから離婚
後の生活状況をまとめました。

今回はさらに踏み込んで、過去の事例を分析し、離婚理由別に仮想ケースを作り、どんな流れでどんな行動をし、どんな社会資源を利用して新生活を始めたかをまとめました。

過去の聞き取り調査を通じて、シングルマザーの生きづらさの背景には「男性は仕事、女性は家事・育児」という根強い性別役割分担が固定化された社会構造にあることを実感しました。現在、男性からも相談を受けるようになり、シングルファザーも性別役割分担社会で生きづらさを感じていることを知りました。

今後、シングルマザーの調査を続けると同時に、シングルファザーの調査も始める予定です。シングルペアレントになっても、誰もが安心して暮らせる社会を作るための策を講じていきます。

インタビュー調査にご協力頂ける方からのご連絡や、本書に関するご意見、ご感想をお待ちしています。本書が当事者の皆様や支援者のお役に立てば幸いです。

シングルペアレント101
田中 志保

社会の課題に、市民の創造力を。

issue+design

正解のない課題、複雑で難解な課題に、ともに楽しく挑みませんか？

気候変動、自然災害、医療・介護人材不足、食糧危機、教育格差 ....
地域、日本、世界には、市民の「安心」と「幸福」を脅かす
社会的課題（ISSUE）が溢れています。

無限の資源があり、人口が増え、経済成長が続いた時代。
市民・企業・地域・国に求められていたのは、目の前にある正解を素早く、
効率的にやり遂げることでした。そんな正解を解けば良い時代は終わりました。

誰もが、複雑で難解、正解のない課題に直面している現代、
この時代に必要なもの、それがデザインです。

デザインには問題の本質を捉え、調和と秩序をもたらす力がある。
美と共感で人の心に訴え、幸せなムーブメントを起こす力がある。

楽しいデザイン、美しいデザインは、
「自分も行動したい」「参加したい」という人の共感を呼びます。
みんなの前向きな参加こそが、地域を、日本を、世界を変えるのです。

市民、企業、行政他、多くの皆さんとともに、正解のない課題に対して、
楽しく、美しくチャレンジしたい。
それが、我々 issue+design の願いです。

issueplusdesign.jp

club issue+design

課題解決の旅の仲間になりませんか？

まちづくり・防災・医療・福祉・教育など様々な社会課題解決についてもっと学びたい方、
同じような課題を抱えている各地の仲間とつながりたい方、
club issue＋design に入会しませんか？様々なメンバー特典をご用意しています。

特典1　issue+design books の書籍を一冊プレゼント
『シングルマザー手帖』、もしくはシリーズ 20 万部を超えるヒット作『認知症世界の
歩き方　実践編（税込 1980 円)』のいずれか一冊をプレゼント！

特典2　プレシングルマザー手帖 電子書籍（PDF 版）プレゼント
スマホや PC でいつでも「プレシングルマザー手帖」を読める電子書籍（PDF 版）
をプレゼント！

特典3　課題解決の旅の羅針盤「issue compass」（非売品）プレゼント
日本社会が抱える多種多様な課題を網羅した "課題解決の地図" がポスターに！

特典4　ワークショップ＆イベント参加費無料
プレシングルマザーの皆さんに役立つワークショップやイベント等に無料もしくは優
待料金で参加いただけます。

特典5　メンバー専用コミュニティにご招待
同じような課題を抱えている仲間とつながれます。

お申込み・詳細は
こちらから ➡

プレ・シングルマザー手帖
2023 年 8 月 8 日　第 1 刷発行

| 著者 | シングルペアレント１０１ |
| | issue+design |

発行人	筧 裕介
発行	issue I design
	特定非営利活動法人イシュープラスデザイン
	〒153-0022 東京都文京区千駄木 2-40-12
	issueplusdesign.jp/
	info@issueplusdesign.jp
発売	英治出版株式会社
	〒150-0022 東京都渋谷区恵比寿南 1-9-12
	ビトレスクビル 4F
	TEL 03-5773-0193
	FAX 03-5773-0194
	www.eijipress.co.jp

調査・執筆	田中 志保・岡本 あかね
編集	筧 裕介
ブックデザイン	川合 翔子
イラスト	川合 翔子
デザイン協力	土屋 はるな（issue+design）
	宮崎 千穂（issue+design）
特別協力	伊藤 允彦
編集協力	高野 達成・齋藤 さくら（英治出版）
販売協力	田中 三枝（英治出版）
印刷・製本	中央精版印刷株式会社